MAPS HACKS

Come vincere la Guerra del SEO nel Local Marketing senza usare il SEO.

Introduzione

Ottenere visibilità su Google è importantissimo, anche per le aziende locali.

Che tu abbia un negozio, un'attività che vende servizi o prodotti B2C, quindi direttamente ai clienti finali, o B2B, che punta quindi ad altre aziende, la cosa più importante per acquisire nuovi clienti è la visibilità.

E quale visibilità ha più valore di quella verso chi ci sta cercando, proprio in quel momento?
È questa la forza del SEO: Google è lo strumento che le persone utilizzano più di frequente per trovare aziende in grado di offrire i prodotti o servizi che stiamo cercando.

Dunque, essere tra i primi risultati su Google è fondamentale per non perdere queste opportunità.

In questo breve libro vedremo come posizionarci tra i primi risultati su Google nel nostro settore e sul nostro territorio.

"Ma esistono centinaia di libri di SEO!"

Vero. E questo non è un libro di SEO.

Il SEO è un mondo complicato, altamente tecnico e che difficilmente il piccolo o medio imprenditore può implementare da solo con successo.

Per investire nel SEO è molto spesso necessario lavorare con partner esterni specializzati, e i risultati non sono mai garantiti.

Tra poco vedremo, quindi, come è possibile sfruttare una funzionalità di Google per comparire tra i primi risultati nella ricerca di un servizio locale tramite la nuova integrazione tra Google Search e Google Maps.

In questo libro vedremo, passo dopo passo, come implementare questo sistema a nostro favore e comparire tra i primi risultati nella nostra azienda senza dover combattere la guerra del SEO.

Indice

Introduzione 2
Indice 5
Cos'è il SEO? 6
    Le difficoltà del SEO 8
    L'alternativa: Google Maps 11
Ricerca Keywords 13
Guida passo-passo 17

Cos'è il SEO?

Il SEO, letteralmente search engine optimization – ottimizzazione per i motori di ricerca, è un processo composto da diverse tecniche che ha lo scopo di aumentare la visibilità di un sito web nei risultati di una determinata parola chiave nei motori di ricerca.

In particolare, per SEO si intende spesso l'ottimizzazione rispetto alla ricerca su Google: questo è infatti il motore di ricerca più utilizzato al mondo, ed essere posizionati tra i primi risultati su Google è assolutamente fondamentale per essere trovati.

Il problema, però, è che tutte le aziende concorrenti vogliono essere indicizzate su Google per le stesse chiavi di ricerca, e questo costringe i gestori dei siti web ad un lavoro sempre più difficile e costoso per non rimanere mai indietro rispetto alla concorrenza.

Le difficoltà del SEO

Abbiamo visto che il SEO è molto potente. Tuttavia, ottenere risultati soddisfacenti con il SEO è tutt'altro che facile e non è assolutamente alla portata di tutti.

Prima di tutto, ci serve possedere un sito web. Per molte imprese locali, questo può già essere un primo problema.

Molte attività, infatti, non hanno realmente bisogno di un sito web: si pensi ad un medico, un avvocato, servizi di assicurazione ecc.
Molte di queste aziende hanno dovuto aprire comunque un sito web per attirare i clienti, ricorrendo poi all'accoppiata sito web + SEO per l'acquisizione di nuovi clienti.

Si tratta di una soluzione costosa: realizzare un sito web ben curato e professionale ha dei costi che vanno dalle centinaia alle migliaia di euro. Tuttavia, sono spese irrinunciabili: un sito web poco curato non darà una buona impressione al visitatore, che non diventerà mai cliente. Ricordiamo, infatti, che Google ci presenta come uno solo tra decine di risultati; se il cliente non è soddisfatto dalla nostra presentazione tornerà alla ricerca per valutare un concorrente.

Inoltre, il SEO non da garanzie: non è possibile acquistare una posizione su Google – se non tramite Google Ads, che richiede però un investimento continuo nel tempo ed è un discorso completamente diverso, da considerare solo in alcuni casi specifici.

L'unico modo per migliorare con il SEO è quello di creare un sito web con contenuti interessanti, aggiornarlo in modo continuativo e applicare centinaia di accorgimenti tecnici che ci costringono a collaborare con aziende e consulenti specializzati, nella speranza di ottenere risultati – e nella speranza che i nostri concorrenti non facciano lo stesso!

Infine, il SEO non dura nel tempo. Non possiamo rilassarci una volta raggiunta la prima posizione, perché Google aggiorna continuamente il proprio algoritmo, e perché anche la nostra concorrenza potrà modificare in qualsiasi momento il proprio sito web.

L'alternativa: Google Maps

L'alternativa di cui stiamo parlando in questo libro è la promozione – gratuita – tramite Google Maps.
Da qualche tempo, la ricerca su Google mostra i risultati di Google Maps.

Guardiamo la foto di seguito: notiamo che, cercando un ristorante in una località molto vasta, otteniamo tantissimi risultati (25 milioni).
Tuttavia, prima ancora dei risultati web, Google ci mostra i ristoranti presenti sulla mappa!

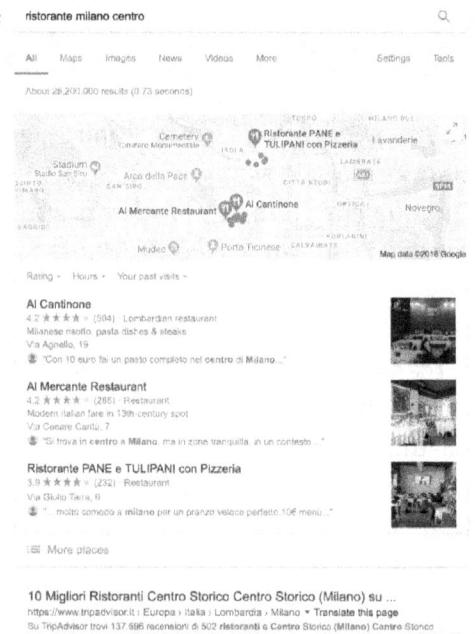

Queste imprese si trovano lì, gratuitamente, grazie alla loro presenza su Google Maps. Cliccare su uno di questi nomi, inoltre, non ci porta al sito web dove dobbiamo poi cercare orari e contatti: apre direttamente una scheda ospitata da Google, dove

possiamo decidere di telefonare, leggere le recensioni, visitare il sito web, vedere gli orari di apertura e, nel caso dei ristoranti, addirittura fare una prenotazione.
Infine, per chi accede alla ricerca tramite smartphone – una percentuale sempre maggiore di persone! – sarà possibile ricevere subito le indicazioni e la distanza per raggiungere il posto tramite il navigatore.

Tutti questi servizi sono ospitati da Google in modo completamente gratuito, e portano l'attività che li usa in evidenza rispetto ai normali risultati di ricerca, che richiedono invece investimenti molto importanti.

Questo servizio è particolarmente potente nelle piccole realtà: in città fino ai 100 mila abitanti, infatti, è decisamente probabile che nessuno dei nostri concorrenti stia ancora usando Google Maps per promuoversi. In questo caso la nostra azienda sarebbe la prima e l'unica a comparire in questo formato, mettendoci in evidenza rispetto a tutte le altre opzioni e fornendo all'utente un accesso diretto a noi – che abbiamo avuto tutto questo in modo completamente gratuito.

Ricerca Keywords

Prima di passare all'azione e vedere come possiamo aggiungere la nostra impresa a Google Maps, dobbiamo pensare ad una strategia sulle parole chiave che vogliamo usare. Per i lettori più tecnici, si tratta di un concetto banale. Tuttavia, per i meno avvezzi, dobbiamo approfondire di cosa stiamo parlando.

Le keywords sono le parole chiave di ricerca, ovvero il testo che ci aspettiamo possano cercare le persone interessate al nostro prodotto. Questo non deve contenere il nostro nome!
Ad esempio, vogliamo essere trovati con la keyword "ristorante", non con il nome del nostro ristorante – perché con il nome proprio è estremamente facile essere trovati anche con il normale SEO.

Mettiamoci quindi nei panni del nostro cliente e stiliamo una lista delle ricerche su Google che potremmo fare se fossimo alla ricerca del nostro prodotto o servizio.

Dopodichè, sarà anche utile cercare su Google le parole chiave che abbiamo identificato: su alcune di queste potrebbe già esserci concorrenza, mentre su altre no. Se vediamo che su alcune keywords di alta qualità non ci sono nostri concorrenti già posizionati, abbiamo trovato dove andare a puntare!

In caso contario, cerchiamo ancora. Se non esiste una keyword libera, non ci sono problemi: possiamo comunque comparire a fianco di un nostro concorrente. Ci divideremo il traffico, ma è comunque meglio che lasciar loro tutta la visibilità.

Guida passo-passo

Iniziamo accedendo a Google My Business sul sito www.google.it/business/.
Qui possiamo accedere con il nostro account Google, o registrarne uno se non lo abbiamo.

Dopo l'accesso Google ci chiederà i dati della nostra azienda.

Inseriamo quindi il nome della nostra attività. Consiglio, inoltre, di aggiungere alcune parole chiave per cui vogliamo comparire. Non è necessario inserire il nome del comune o della città in cui siamo, quindi possiamo focalizzarci sui servizi che vogliamo proporre ai nostri clienti.

Ad esempio, possiamo comparire come

"VestiBene abbigliamento sportivo", in modo che, se qualcuno cerca abbigliamento sportivo nella nostra località, riusciamo a comparire tra i risultati di ricerca.

È importante non utilizzare troppe parole chiave nel titolo, ma utilizzare quelle giuste: un nome troppo lungo non sembrerà naturale all'utente, che capirà il "trucco" che stiamo utilizzando.

Avremo modo di aggiungere altre parole chiave in seguito.

Dopodichè Google ci chiederà la posizione della nostra attività, e se siamo in grado di spedire o lavorare direttamente a casa dei nostri clienti. In questo caso non si fa riferimento solamente a servizi che spediscono beni: un ristorante che fa pizza da asporto può usare questa opzione, così come un negozio di informatica che effettua installazioni e assistenze a domicilio.

Se siamo un'azienda che lavora solamente a domicilio, come può essere un muratore o un consulente, selezioniamo anche la secondao casella per nascondere il nostro indirizzo. In questo modo nessuno verrà a trovarci a casa per motivi di lavoro, ma rimarranno comunque visibili i contatti telefonici e la email.

Nella schermata seguente ci è sufficiente verificare e, eventualmente, confermare, la posizione della nostra impresa come comparirà sulla mappa.
Questo passaggio, che può sembrare superfluo, in realtà è utile: il numero civico di Google Maps non è sempre corretto, e se non verifichiamo la posizione corretta rischiamo di mettere in difficoltà chi sta cercando di raggiungerci.

Se abbiamo selezionato la possibilità di consegnare a domicilio, ci verrà chiesto di

specificare in che modo questo avviene. Abbiamo tre opzioni:
- Consegna tramite corriere, utile per la vendita di prodotti. In questo caso la posizione geografica diventa irrilevante.
- Consegna a cura del negozio entro un raggio di kilometri, come può essere una pizzeria da asporto.
- Consegna a cura del negozio in località specifiche, utile per un'impresa con più sedi separate tra loro, quando l'utilizzo di un raggio kilometrico ci costringerebbe a includere luoghi in realtà non coperti. Ad esempio è l'unico modo di gestire la consegna se abbiamo a disposizione più sedi in grado di consegnare su base locale.

Dopodichè, Google ci chiederà la categoria del nostro negozio. Scegliamo la voce più inerente a livello pubblicitario: se vendiamo caffè, scegliamo questo e non semplicemente "Commerciante".

Ricorda: nessuno cercherà mai un "Commerciante": il cliente vuole risolvere un determinato problema cercando un prodotto o servizio specifico da acquistare. In linea di massima, non gli importa da chi acquista.

Conviene quindi essere specifici e proporsi come la soluzione ad un determinato problema, piuttosto che includersi in una categoria troppo generica per essere utile.

Abbiamo ora la possibilità di inserire un numero di telefono e un sito web; l'ultimo è facoltativo e consiglio di inserirlo solamente se è attivo, aggiornato e curato: non vogliamo infatti dare l'impressione di essere un'azienda inattiva.

Il numero di telefono, per quanto facoltativo, è in realtà necessario: è il metodo di contatto preferito dai clienti, e non inserire un contatto telefonico ci farà perdere opportunità.

Terminato il processo, Google ci chiederà di verificare i dati che abbiamo appena inserito. I modi sono principalmente due, ma possono cambiare in base alle scelte che abbiamo fatto:

- Chiamata telefonica

In questo caso, Google ci chiamerà al numero di telefono che abbiamo indicato come contatto. Si tratta di una telefonata automatica che ci comunicherà un codice a sei cifre. Annotiamolo per poi scriverlo sulla pagina di conferma e verificare così la nostra identitià.

Nota: la sequenza di numeri è pronunciata in lingua inglese. Questo non sarà un problema per la maggior parte delle persone, ma se abbiamo dei problemi anche basilari con la lingua allora possiamo utilizzare il secondo metodo senza problemi.

- Cartolina postale

Scegliendo questo metodo, Google ci invierà una cartolina cartacea via posta. Questo metodo di verifica è semplice ed è alla portata anche di chi se ne intende meno, molto comodo se stiamo configurando il servizio per una terza parte, tuttavia richiederà un certo tempo di attesa, dai 7 ai 14 giorni, per ricevere la cartolina.

Il funzionamento è lo stesso della telefonata: ci comunicherà un codice che possiamo poi inserire nella pagina di conferma per verificare l'identità.